U0006832

給在意他人看法
而痛苦的我

給在意他人看法而痛苦的我：
57個放下的練習，帶你擺脫敏感脆弱，養成鑽石心

作　　者 / 金東奕

主　　編 / 蔡月薰

翻　　譯 / 陳品芳

審　　訂 / 韓筠青 Anna Han

美術設計 / 楊雅屏

內頁編排 / 郭子伶

第五編輯部總監 / 梁芳春

董事長 / 趙政岷

出版者 / 時報文化出版企業股份有限公司

108019 台北市和平西路三段240 號7 樓

發行專線 / （02）2306-6842

讀者服務專線 / 0800-231-705、（02）2304-7103

讀者服務傳真 / （02）2304-6858

郵撥 / 1934-4724 時報文化出版公司

信箱 / 10899台北華江橋郵局第99信箱

時報悅讀網 / www.readingtimes.com.tw

電子郵件信箱 / books@readingtimes.com.tw

法律顧問 / 理律法律事務所 陳長文律師、李念祖律師

印　刷 / 勁達印刷有限公司

初版一刷 / 2020年１１月20 日

定　　價 / 新台幣280元

時報文化出版公司成立於一九七五年，並於一九九九年股票上櫃公開發行，
於二〇〇八年脫離中時集團非屬旺中，以「尊重智慧與創意的文化事業」為信念。

給在意他人看法而痛苦的我：57個放下的練習,帶你擺脫敏感脆弱,養成鑽石心
/ 金東奕作.

-- 初版. -- 臺北市：時報文化, 2020.11　　面；　　公分

ISBN 978-957-13-8415-3(平裝)

1.生活指導 2.自我實現

177.2　　　　　　　　　　　　　　　　　　109015850

給在意他人看法
而痛苦的我

金東奕 著

———

在人生中

從來不曾犯下巨大的失誤
卻認定自己無法做好心裡想做的事
所以總是習慣放棄

習慣忽略當下的一切
不斷地將自己的人生
用在思考過去與現在

為了獲得別人的喜愛，即使自己感到痛苦
也會為了讓他們開心
而不去愛惜自己，不斷埋怨著自己
直到今天

我如此在意別人看法的原因

是因為從小到大，總是在意父母的臉色或看法
可能是父母對自己有過高的期待
或其中一位十分嚴格

因為只有在自己表現好時，才會被稱讚
才會聽到別人認同自己存在的價值

而家中的氣氛或情況
並沒有因為我是孩子就特別關愛
反而希望我自己把自己顧好，盡快長大成人

在這樣的環境下長大之後，即便我不去在意
還是會覺得自己應該要表現好一點才能獲得別人的愛

我會被愛，並不是因為我值得
我也因此過度在意別人的看法
這想法令我孤獨又痛苦

目錄

第1部　給在意他人看法 而痛苦的我

在意他人看法，過度顧慮他人的人•12

如果獨處比較自在•14

給在意他人看法而痛苦的我•16

擺脫他人看法的方法•30

無力感令人痛苦的原因•55

因為喜歡而開始，但卻開始感到無力的原因•56

情緒波動很大的原因•61

對你來說很重要的事•62

如果想改變•66

感到疲憊的時候•67

第2部　如果有讓我心累的人

讓人討厭的三個原因•70

雖然知道應該要跟對方分手，卻無法分手的原因•71

如果跟曾經非常喜歡的人分開•72

鬱悶不已的時候•73

越想被愛就越孤獨、越空虛•74

後來才明白的那些事實•78

遇見喜歡的人時，就保持原樣•79

有魅力與沒有魅力的人之間的差異•84

好好生活，不要預測未來•85

如何辨別別人是真的，還是假裝喜歡你•86

壓力•91

最辛苦的人•92

雖然正在戀愛但卻感到不安•93

我喜歡的人•99

提升人格的話語•100

真正的夥伴•103

不感到可惜的人•107

想利用別人的人•108

立場•111

自在的關係•112

我的人生之最•113

第3部　想法多到自己
　　　　無法控制的時候

人生在世·116

某天·117

如果你經常怨恨身邊的人·119

無法輕鬆面對他人，總是有隔閡的原因·132

空虛·134

稱讚·135

幸福·137

想法的垃圾桶·138

思考·139

變化·140

無法好好做出選擇的三個原因·141

面對選擇時不變的事實·142

如果還沒準備好面對未來·143

該怎麼看待·146

該說的和不該說的話·150

適合我的公司·154

如果想辭職·155

感到不安也沒關係的事情·158

再多活一下吧·159

比較·162

常常擔憂的原因·164

想走新的路，卻感到不安和害怕·165
變幸福的方法·168
如果能回到過去·176
對我來說，重要的與不重要的事·180
自尊心低的孩子·183

提醒
為了凸顯作者獨特的寫作方式，排版與文法將遵照作者的習慣。

第1部

給在意他人看法
而痛苦的我

在意他人看法，
過度顧慮他人的人

在意他人看法，過度顧慮他人的人
很可能是小時候需要、想被他人關注與協助的慾望
沒能充分獲得滿足

所以才一直由自己主動去做

長大之後仍無法獲得他人的幫助
無法好好講出自己的痛苦，持續被孤單所困擾著

由於知道不被顧慮是多麼痛苦的事
於是很在乎別人、很顧慮別人

他們也因這樣的自己感到疲憊
而這樣的人
也經常怨恨身邊的人

因為，我這麼敏銳、這麼顧慮你的心情
但你卻毫不在意

你卻毫不知情

如果最近開始對身邊的人出現埋怨的心情
那很有可能是我累了
現在必須暫時停止顧慮別人
好好照顧一下自己疲憊的心

如果獨處比較自在

現在，如果你覺得獨處比較自在
那我推薦你獨處

因為沒有餘力在意別人
所以才疲憊不堪

在這個情況下，如果還要配合別人
就會開始怨恨對方

如果現在覺得獨處比較自在
靜靜獨處也無妨

如果因為人際關係而感到疲憊

就試著給自己一段長長的時間獨處
直到你感到孤獨為止

如此一來，你會明白兩件事

誰是你真正喜歡的人，誰又是你真正討厭的人

當你獨處越久
就越想跟喜歡的人見面

當你獨處得越久
就越不會想起討厭的人
越少見面，心裡就越輕鬆

漫長的人生中，我們偶爾會需要獨處的時光

給在意他人看法而痛苦的我

劇烈的情緒起伏

提不起勁

空虛又孤單

懷疑人們付出的愛

總是假裝開朗，說不出讓自己痛苦的事

容易自責、擔心他人怎麼看待自己

自己一個人想太多

經常對身邊的人不耐煩等等

如果你有上述的情況

很可能是你的自尊低落所造成

等自尊提升，上述這些問題自然會慢慢改善

從現在起

我想好好談談，當自尊低落時

為何會因為上述的事情感到痛苦

以及提升自尊的具體方案

首先

自尊是我與自己的關係

所以自尊低落

就表示我與自己的關係變差

如果不改善與自己的關係

那就會對人際關係、工作、戀愛

甚至是自己想做的事情、人生中的一切

帶來比想像中更大的影響

我們透過例子來看看，與自己關係差的時候

會帶來什麼程度的影響

假設你現在有一雙非常喜歡的鞋子

是真的很喜歡的鞋子

喜歡到非常珍惜想珍藏起來不要穿

因為是好不容易才買到的鞋子

說到這裡，我想提個問題

這時，如果有人說這雙鞋不好

你會怎麼回應呢？

如果你真的非常喜歡這雙鞋子

應該會有這種反應：

「什麼啊，幹嘛不懂裝懂，

這雙可是我好不容易才弄到的鞋子，我很喜歡。」

（舉例來說，有一位你很喜歡的藝人

你真的很喜歡他，就算有人說他的壞話

你也不會相信，只會這樣想：

不懂裝懂，在亂講什麼）

只要是自己喜歡的對象

我們就會產生信賴感

不會接受別人對他們的批評或看法
反而更堅定自己的信念

如果有人說他們的壞話，就應該反擊回去
也不能說是反擊，在面對自己喜歡的對象時
這是不勉強就會出現的下意識反應

來，你穿著那雙鞋子出去時
會刻意打扮得讓大家忽略鞋子嗎
還是會凸顯鞋子呢？
應該會盡量凸顯吧
就好像有一條你超級喜歡的褲子
當然會想讓大家看看
想要好好炫耀一下

只要穿上那條褲子
只要穿上那雙最喜歡的鞋子
就會讓你抬頭挺胸

面對自己喜歡的對象

我們會有兩種心態

第一種是，聽到有人說他們壞話時

我們會相信自己的想法，而且反駁那番言論

而非接受或相信那些負面的說法

自己喜歡的東西不會隱藏起來

會想光明磊落地展現出來給大家欣賞

接著

我們來談談一雙你不喜歡的鞋子吧

這雙鞋破了一個洞

你會怎麼處理呢？

即使有人說那個洞很小

對你來說卻大得不得了

無論別人怎麼說那個洞很小，聽在你耳裡就是很大

就會讓你覺得受傷

因為你想要隱藏它

因為你也覺得不好

所以會放大所有否定鞋子的聲音

每個人都有一種傾向

就是想隱藏自己不滿意的事物

而穿著那雙鞋子出門

總會令你畏畏縮縮、在意他人的目光

「啊，如果大家不喜歡我的鞋子怎麼辦？」

這些想法，導致自己過度在意

在意別人如何看待這雙鞋

於是盡量遮住它，或不讓別人看見

導致無法如實展現鞋子原本的樣貌

都只因為自己對它的不滿意

我繼續舉例好了

雖然不滿意，但每天都還是要穿這雙鞋

隱藏這雙鞋的缺點，成了我每天要煩惱的事，也因此疲憊不堪

我這麼在意別人的目光、疲於掩飾這雙鞋

如果有人了解我疲憊不堪的心情

如果有人肯定這雙鞋，我的心情很快就會變好

如果沒人理解我的心情

聽到別人說我的鞋子不好，或是投以負面的眼光

我會立刻陷入憂鬱

所以，每天的心情

都會隨著他人的看法和言語而起伏不定

雖然是同樣的話，但我的一天取決於他人的看法和言語

這使我不得不在意別人的眼光

必須一直配合他們

我會放大負面的看法和話語

但「希望別人理解我的痛苦」這個想法

我卻說不出口

如果說出來沒人理解

或是感覺到別人的不苟同

會讓我更加受傷

為什麼我會這樣呢？

因為我總是很在意別人說的話

因為我穿著那雙自己討厭的鞋子

這樣反反覆覆，到最後會怎麼樣呢？

我開始覺得

希望能有一個不必我主動說，也能理解我心情的人

希望對方是周遭的親朋好友

即使我沒開口，也能自然地理解我的心情

可以是父母、家人、戀人、真正的好朋友，或相處起來輕鬆的人

但是，沒有說出口的話，對方就不會知道
最後別人還是無法理解

過往因為別人而累積的怒火
只能發洩在親近的人身上

這不代表我恨他們
是因為我很痛苦
所以發洩完後總會自責
這些真的好累

所以
該生氣的時候無法生氣
（因為無法對他人展現真正的自己）
不該生氣的時候卻生氣了
如此日復一日

生氣，是會對自己造成傷害的

身邊有人陪著

我卻無法表達自己真實的想法

很孤單

感覺沒人能了解我的心

這讓我既孤單又空虛

總是在想，大家是怎麼看我的

為了讓自己看起來更好

為了不讓別人討厭而努力著

漸漸地，我開始害怕空虛、感到更加疲憊

現在，我只想靜靜地獨處

別人可能會覺得我是喜歡獨處的人

雖然我覺得獨處很輕鬆，但一直獨處下去的話

反而會不安地想著，這樣下去真的可以嗎

我把所有精力都用在煩惱這些事情

每天都因為想太多而覺得疲累

我們一直談到的鞋子，就代表「自己」

如果我認為對方很重要，一直付出善意
對方卻理所當然地接受
或者，當我意識到
我這麼用心，對方卻不把我當成重要的人時
我就會受傷

重複受傷、傷口不斷堆疊
現在，只要簡單的一句話就能讓我崩潰、重傷

這樣一來，為了讓自己不受傷
我會與大家保持一段距離
讓自己表現出討厭對方、覺得對方難相處的樣子
小心翼翼地表現出自己很難過的樣子
可是卻無法把心中
真正討厭對方的原因說出口

會這樣做，是因為覺得這樣的自己很討厭

也不滿意自己的狀況

所以我會刻意放大

來自別人的負面言語和觀點

連反擊的力氣都沒有

一句簡單的話都會讓我重傷

那實在太痛苦了

只好隱藏自己真實的想法

為了讓別人看到自己好的一面，而努力迎合他人

我討厭自己的樣子

所以總是假裝沒事、假裝開朗

雖然內心很負面

雖然很痛苦，但還是很會隱藏自己的想法

笑著的同時

顧慮著他人的心思

相反地

如果我跟自己的關係很好

我就會像對待喜歡的鞋子一樣對待自己

用什麼方法呢？

第一，即使別人說我不好

我也有力量反擊回去

第二，想要把最真實的自我展現給別人看

因為我喜歡自己的樣子

這樣一來，我就能做真實的自己

所以

感情起伏劇烈

常對周遭親友生氣

經常隱藏自己

感到空虛、寂寞

一句簡單的話就能讓人受傷

總是因為他人的看法而感到痛苦

就是自尊低落的關係

自尊同時也是我與自己的關係

這一切的源頭，都是因為與自己關係不好

請不要混淆自信與自尊

自信是只要下定決心就能做到的想法

舉例來說，像是我「下定決心今天就能夠熬夜讀書」

這是根據過去的經驗、對個人能力的理解

進而產生的想法，和自尊不同

所以，即使是很有自信的人

有可能自尊心很低

如果想恢復與自己的關係

就應該先改善上述的問題

擺脫他人
看法的方法

在意他人視線這件事
是自己跟自己的關係不好所導致
那麼，有什麼方法能改善與自己的關係呢？

如果
我們想跟某個人打好關係，會怎麼做呢？

必須要了解對方的需求，並且滿足他

舉例來說，有人一直站著，看起來很痛苦
你可以拿張椅子給他
這樣就能打好關係

與自己關係不好的人
就不會去做自己本身喜歡的事情

此刻的人生，是屬於自己的
卻總是做別人喜歡的事

因為總是考慮、關心到其他人
所以不確定自己有沒有喜歡的東西
也可能不知道自己究竟喜歡什麼

「關心別人也不是不好的事吧？」

那些獲得關心，卻不懂感謝的人
可能會這麼反問

當我已經感到痛苦、受傷
卻還要繼續關心他人
都是因為我太在乎別人的想法
導致我跟自己關係不好

這樣一直單方面的關心人
而對方卻不懂這一點，讓我感到痛苦

如果一直討厭對方，那我的人生

無論再過幾年都還是會繼續痛苦

因為沒有人百分之百了解我的貼心

所以我很可能會怨恨身邊每一個人

而且經常感到委屈

如果自己因為付出關心而受傷

不如就減少或停止對別人的關心吧

就像我們為了打好跟別人的關係

會去迎合他的想法、做他喜歡的事情一樣

我與自己關係不好的證據

就是現在的生活中，幾乎沒有自己喜歡的東西

或對任何事情完全沒有任何興趣

這就是與自己關係不好的證據

要讓自己和自己

關係變好的方法

（提升自尊心的方法、愛自己的方法，都是一樣的意思）

就是從現在起
經常問問自己
有沒有需要什麼
做一些讓自己開心的事情

做自己喜歡的事情時
你可能會這樣想：
「我不知道自己究竟喜歡什麼」

其實現在不知道自己喜歡什麼也沒關係

只要繼續問下去
總有一天會明白，自己究竟喜歡什麼
雖然無法一直隨心所欲

但現在開始會盡力做到最好

關心一個人的需求

並且詢問他的想法

那就是一段良好關係的開始

這就是愛

「東赫，你覺得現在怎麼做比較好？」

或許你從來沒有這樣問過自己

不做出這些愛自己的行為

反而一直想「為什麼愛自己這麼難？」

那就會越想越困難、越難愛自己

不過，這裡有一件事千萬不能誤會

當我們詢問自己喜歡什麼的時候

都會說出離自己很遠的幸福

像是在濟州島住一個月、到瑞士旅行一個月

遇見一個好人跟他結婚

或是那些很想實現，卻無法立即實現的夢想等等

當然，能做到的話最好
若如果無法立刻達成這些願望
不代表就要過著毫無自尊的生活

如果你有想做的事、有想要的東西
但卻因為做不到而痛苦時，請仔細想想

舉例來說，我想擁有十億元
卻因為無法實現而痛苦
這痛苦來自於自己的慾望對吧？
若你沒有為了目標付出努力，卻因為得不到而痛苦

那就應該要努力達成目標
這樣不就是朝著擁有十億元的夢想前進了嗎

那不是慾望，是希望，也是目標

來，如果因為達不到想做的事情而感到痛苦

那就仔細想想吧

我現在確實沒辦法做到這件事

而那痛苦的來源

究竟是因為我成天只會喊很難實現、只會光想卻不做嗎

還是因為，我為了實現那個夢想

很認真、很努力，最後仍難以達成呢

如果是因為慾望太強而感到痛苦，就應該拋開慾望

為了達成目標付出代價（努力）才對

如果不打算、不願意付出

而不是因為有困難、有其他原因

那其實只要放棄夢想就好

不放棄卻又不想支付代價

（這裡的代價是為了實現夢想所付出的努力）

就會因為自己慾望太大而受苦

一定要放下過大的野心

因為我們是大人
就該知道有些事情並不是憑藉著慾望就能達成

也許我為實現夢想而努力、付出了代價
還是有可能不順利、很痛苦
即便如此，還是要知道自己已經表現得很好了
並非所有的努力都能以成功作為回報
但這樣的方式
確實是某些人成功的方法
所以，我其實做得很好
因為我現在不是為了別人，而是為了「我」而活
我正在了解自己真正的願望
並為了達成願望而付諸實行

針對滿足感這個情緒，我們來聽聽這個說法
以我在補習班的情況來舉例好了

有人想要跟我當好朋友

但我如果跟他來往

就會無法好好讀書，所以不想多跟他互動

但又擔心一旦遠離，對方會不喜歡我

身邊的人也會因此對我有負面的看法

這樣也不是、那樣也不是，實在很難受

一旦自尊低落，就無法做出選擇

只能一直陷在這樣的想法中，痛苦萬分

最後只能責罵自己、責怪自己，因而深陷痛苦

來，提升自尊的方法

是讓自己跟自己的關係變好

為了提升與自己的關係

就應該要追求想做的事情

要知道自己真正想要的是什麼

應該要經常問問自己

「（對自己說）○○○，你覺得怎麼做比較好呢？」

選擇一，告訴對方自己喜歡還是討厭

選擇二，配合對方的同時，繼續讀書

選擇三，與對方自然地保持距離

問問自己吧

如果現在想選一

卻擔心別人或當事人可能不開心

就會放棄一而選二

或因為矛盾而無法抉擇

有句話我一定要說

就是，人生中沒有完美的選擇

上面這個例子，最完美的選擇就是對方不跟我說話

而我專心讀自己的書

但因為沒有這個選項

所以我們只能從這些選項中，選擇最好、最幸福的一個

如果我不問問自己、不做選擇
就會一直為此所苦
自尊也無法提升
自尊是我與自己的關係
是詢問自己想要什麼、照自己想要的去做

問問自己
如果選一會讓你比較輕鬆
那這就是最好的、最適合的選擇
這時，你就會感到滿足

問問自己心裡想要的，再付諸實行
情況就會符合預想的狀態
也會獲得適合自己的生活

但如果選了一

卻覺得我好累喔

選了一的同時卻感到疲累，似乎不應該這樣

這並不表示失敗

而是更了解自己了

原來在這種情況下，選擇一會讓我心裡不舒服

接著我會問自己

怎麼做比較好

接著這一次

就稍微表現出一點不喜歡的樣子

選擇一個某種程度上還算可以接受的做法

然後照著自己的選擇去做

經過這種修正、彌補的過程

我會問自己

會嘗試

進而找到活在這個世界上

最適合自己的人際相處方式

以及讓自己感到幸福的狀態

無論怎麼迎合別人的喜好

帶來的都不會是滿足感，而是巨大的空虛

自己對自己提問

再為了自己完成這些事

這麼做並不是為了得到完美的解答

是為了做出最好、最能讓自己感到幸福的選擇

只要做出這樣的嘗試，就會明白箇中道理

把這一切當成測試

當成了解自己的途徑就好

我可以用這種方式來了解自己

啊！原來我在這種情況下，喜歡這麼做

因為選擇這個做法，所以不開心

我不喜歡這種做法，要另一種才會讓自己開心

我如果明顯地表現出討厭的樣子，自己也會覺得很不舒服

所以以後只要稍微表現出一點點就好了

稍微表現出一點點討厭的樣子，別人卻不把我當回事？

那下次我要表現地再明顯一點

就這樣繼續修正、改善

慢慢會找到讓自己平衡且舒服的方式

讓我能夠幸福

如果夠了解自己

就能很快找到讓自己舒服的做法

但沒有人真的完全了解自己

如果一直不去做自己想做的事

或是都只迎合別人的話

就會更不了解自己了

什麼時候開始都不算太遲

但如果覺得要一次猜到答案
覺得這一定是正確答案的話
那就做不出選擇，會一直覺得自己很孤單，並對此感到痛苦

怎麼可能一次就猜到正確答案呢？
總是要嘗試過才知道
試了才會知道啊！

不要認為這是失敗
把它想成是了解自己的過程
這樣才能健康的了解自己
不要自責，也不要意志消沉
我們可以
按照對自己的了解程度做選擇

所謂的自尊

是我與自己的關係

為了改善一段關係

我們會做對方喜歡的事

雖然並非每次都行得通

但做自己喜歡的事情時

自尊就會提升

為了做自己想要的事，必須先了解自己

需要一些跟自己有關的資料

需要時間來了解自己

為了了解自己，可以問問看自己

如何做出最好、最幸福的選擇

這樣一來就能知道適不適合自己

如果不適合，就繼續問自己，再做出修正

然後換一個對自己好的方法，繼續嘗試

完美的幸福狀態，是可以持續享受著自己渴望的時刻

但無論是誰的人生，都不可能這樣

大家都想要最美好的幸福

如果能從中獲得滿足固然最好

但選擇之後的結果，也可能不如預期

那不是失敗

我們只要修正選擇就好

不安、困難、難過

這些感受無論說幾次

也絕對無法提升自己的存在感

眼前的情況也不可能改善

但有任何問題時，都能用上面的方法來問問自己

並且做出讓自己最能感受到幸福的選擇

或許就能從中找到具滿足感的選項

也會明白，即便結果不理想也不是壞事

下次再遇到這種狀況

就能避開有可能讓自己難過的選擇

在日常生活中
我們可以做很多事來滿足自己的需求

舉例來說
如果一直假裝沒事會讓自己更痛苦的話
那就稍微表現出難過的樣子
不要一直笑
不必勉強出席討厭的聚會
不要看別人的臉色出席
先問問自己
並鼓起勇氣不出席

東赫，你覺得怎麼做比較開心
要怎麼做你才會幸福
要怎麼做才會覺得滿足

我應該先問問自己
如果做得到，就應該按照自己的想法去做

就算做不到

也已經能聽聽自己的聲音、為自己做事了

改善自我關係不可能一步到位

每當自己能聽從內心來執行一件事

那麼自尊便會更上一層樓

我的心

並不會為了很特別、很了不起的事情所感動

人生不可或缺的事物中，也有一些是非常渺小的

我應該問問自己對什麼事有興趣

為自己做到這點，那麼自己就能獲得極大的滿足

這個滿足，就是我們口中說的幸福

現在先不要為了配合別人而停下來

也不要問是不是因為自己不配合而使關係扭曲

先別反省自己

這段期間已經很辛苦了，不要再想逼自己進步
不要再想做得更好

只要好好照顧自己的心就好
問問他究竟需要什麼
我能夠為自己做的究竟有哪些
這樣就好

這是從這些最根本的問題當中
讓自己慢慢變好的方法

當我
能夠像在看一雙喜歡的鞋子般看待自己時
就能擺脫旁人的看法
當我
想要像在看一雙喜歡的鞋子一樣看待自己時
就一定要改善跟自己的關係

對我來說，現在需要的就是這個

一直以來

憂鬱又自責，隨著旁人的視線與言語

情緒產生嚴重的起伏

總是會放大那些批評自己的話，因無法擺脫它們而痛苦著

獨自回過去想自己說過的、別人說過的話

因而感到疲憊

在乎他人的目光與言語、害怕別人對自己的看法

為了獲得好的評價、為了營造好形象而努力

無法坦承自己已經很累

也會因為沒人了解我的心而感到孤單

習慣隱藏自己不好的一面

只讓對方看到他喜歡的樣子

因為不停假裝開朗而感到疲憊

自責自己對親近的人發脾氣

因為人生中沒有任何能讓自己開心的事而感到憂鬱

如果一直以來都無法幸福

我該做的不是用這些問題責怪自己

應該拍拍這段時間認真生活的自己
專注於恢復與自己之間的關係

期許能以用更溫暖的目光看待自己

這裡有兩件事，需要被溫暖以待

第一，問問自己
如果心裡有一個改變的目標，而且自己也想做出改變的話
（舉例來說，像是改變某些缺點、某些事情做不好
希望自己做出改善）
那就應該要付出等待，讓自己能夠改變
等待是一種溫暖的行為

如果因為不這麼做而痛苦
那現在的你，需要的就是溫暖的等待

第二，在日常生活中經常問候自己

為了找回遺失的自我、為了更認識自己

還有，雖然無法一直這麼做

但如果能夠做到自己想做的事（最棒的幸福）

改善自我關係

如果做了自己想做的事，結果卻不好的話

那就應該把這些事情當作參考資料，繼續了解自己

我們對自己有多少的了解，就能實踐多少

自尊是與自己的關係

而為了改善關係，就必須配合對方的想法做事

所以當你配合自己的想法來做事時，就可以提高自尊

不過這件事情並不容易

不容易的原因

就像用左手吃飯

如果一個右撇子硬要用左手吃飯，會發生什麼事呢？

應該會不適應、不熟悉、很辛苦吧

但卻不是因為不會吃飯而辦不到

現在我已經習慣忍耐
因為他人的視線而痛苦
這些雖然難受，但說不定比做自己喜歡的事
更讓我感到熟悉

所以說，做自己喜歡的事情
付諸實行改善自我關係
或許真的很難也說不定

就這樣想吧
不是我做不到
是因為沒做過、不熟悉才會覺得很難

即使不熟悉
可是只要一直以來真的很不幸福
當下真的很痛苦的話

那希望你我都可以鼓起勇氣
一點一點地為自己而活

現在，請讓自己稍稍喘口氣
不要太過在乎旁人的看法和言語
讓自己擁有反擊的力量

問問自己的心
照顧自己的心

替你加油

你生命當中最重要的你

無力感令人痛苦的原因

無力感既可怕又令人痛苦

很可能是因為沒有熱情

但更多時候

我們是因為自責而痛苦

如果現在無法立刻從心裡生出熱情

也請別太難過

只要遇到自己喜歡的事情

熱情就會燃起

然後慢慢改善

因為喜歡而開始，
但卻開始感到無力的原因

原本是因為喜歡、想嘗試才開始做一件事的
做了之後卻又出現無力感

因為太想做好這件事
所以看到自己沒做好的樣子
就開始討厭這件事
自責的程度更甚於別人對自己的責怪
才會導致這個結果

這樣一來，在面對曾經因喜歡而開始的事情時
動力就會立刻消失

因為討厭那位太想要做好，卻又做不好的自己
才會變得不想做

接著便開始自責
我為什麼這麼沒動力

然後，會跟那些認真的人比較
並責怪自己

漸漸變得不想挑戰
也討厭這個不願意挑戰的自己

因為自己難以接受
太想做好卻做不好的自己

這樣一來，就失去持續做點什麼的力量

如果我現在正因這種情況而煩惱
那在面對那些有興趣、想一開始就做好的事情時

不用抱持做到最好的心態
先嘗試看看
這樣就好了

心想著，只是接觸看看

就能減輕很多負擔

也有人會問

所以不能有想好好做的想法嗎

即使你有想做好的想法

同時也希望

你要對做不好的自己更溫柔

並不是從一開始

就應該把想做好的事情做到完美、做到第一名

是要抱持嘗試看看的想法去面對

這樣一來，做不好時也不會有壓力

可以繼續嘗試下去

不斷重複之後

就能藉著失敗累積實力

這樣一來
未來肯定會有好表現

沒有人一開始就做得很好
就算做得好，也只是新手當中比較好的而已
並不是真的很厲害

真正厲害的是堅持很久的人
反覆練習讓他們得以堅持

所以，要讓自己成為一位真正厲害的人
不要一直想著要做好
而是即使做不好
也要溫柔地看待自己

再怎麼美麗的路
再怎麼好的路
如果要花太多力氣去走

就會讓人不想走下去

讓人變得無力

在朝理想方向前進的過程中
不知不覺變得無力
這有兩個原因

一個是累了
或是因為太想做好，卻看到做不好的自己
而不願意去做

情緒波動很大的原因

情緒波動很大的原因

第一個原因來自於

我的情緒受到別人的言語和行為所影響

所以情緒起伏很大的時候

是因為我過度在意別人

第二個原因來自於

我用成果來判斷自己的表現

雖然很認真

但卻不被認同、不順利，才會導致這個結果

所以只要事情順利心情就會好

稍一不順就立刻變得憂鬱

對你來說很重要的事

與其當一位一直很開朗的人
可以好好地愛著自己不開朗的那一面反而更重要

與其擁有遠大的夢想
不如意識
今日的滿足感是從何而來

比起到很多地方旅行、努力找出更棒的景點
不如記得現在身邊的人們究竟有那些優點

與其想太多去預防還沒出現的問題
更重要的是
能夠一直注意到發生在身邊的好事

與其讓眾人跟你聯絡

有沒有誰可以讓你漫無目的地輕鬆聯絡

與其擁有戀人
與其擁有可以依靠的人
不如讓自己成為
即使無人能依靠也滿足自己的人
也知道如果心靈有空缺時，如何填補自己的人

你做些什麼並不重要
更重要的是，你現在是否在尋找能夠長久做下去的事
以及是否為了找出這些事付出實際的努力

對你來說最重要的
不是擔心了也無法改變的事
而是那些，因為你的專注而得以改變的事情

你現在度過的這些時間
肯定會越來越接近自己未來的樣貌
所以沒有比當下更重要的事了

因此，你絕對不能錯過
對你來說重要的事物

比起當下所面臨的困難
更重要的是
你曾經為了改變自己的人生
為了做到好而賭上的一切

因為你還年輕
並非一無所有
因為你還年輕
也並不可憐

無論你現在是什麼樣子

你是擁有時間、握有機會的人

如果想改變

我如果下定決心要改變

就必須要有決心

因為改變這件事

比我想像的還要困難許多

感到疲憊的時候

若感到疲憊，就用自己的速度前進吧
就算這樣慢慢走
也不會落後

因為我用適合自己的速度，才走得如此順

反正
大家的目的地都不一樣

第2部

如果有讓我心累的人

讓人討厭的三個原因

第一
我在等的人疏忽我的時候
會覺得自己不受尊重

第二
在我面前假裝開心地笑著
卻在背後說我壞話

第三
隨著自己的心情任意對待我的時候

人之所以會討厭一件事，一定有其原因
仔細想想就會發現，總是會有人做出討人厭的行為

雖然知道應該要跟對方分手，
卻無法分手的原因

戀愛時

會發生雖然知道應該要跟對方分手

但卻分不了的狀況

原因在於，我不曾以最真實的樣貌被愛過

覺得對方給的愛太多

明知道應該要分手，卻還是分不了

我能給的建議的，不是趕快分手或繼續交往

無論身邊的人說什麼，你應該順著自己的心意跟對方交往才對

如果自己覺得不愉快，那就不是為了自己著想

應該為了自己好、跟隨心意走，想交往就繼續交往

即使我的心感到痛苦

還是想見他的話

就表示他現在對我來說是重要的人

如果跟曾經非常喜歡的人分開

如果跟曾經非常喜歡的人分開
在那之後無論和誰交往
都無法像之前那樣愛對方

你一定會感到不安
害怕未來無法再愛別人
害怕繼續這樣下去

不要太擔心，只要專注於自己的人生
好好度過每一刻

不是你不能再愛了
而是你真正愛的人
還沒有出現而已

現在的你，因為一直想著要快點遇見更好的人
才會感到痛苦
並不是你失去了愛人的能力

鬱悶不已的時候

人最鬱悶的時候

並不是最累的時候

也不是事情不順利的時候

而是

完全不知道該怎麼做才好的時候

越想被愛就越孤單、越空虛

越想被愛就越孤單、越空虛
因為
給出去的東西
比自己所能給的多太多了

比起對方給的微小心意
我想獲得更多的愛
越想得到就越空虛

如果愛就在這裡結束的話

我將在漫長的歲月裡因後悔而痛苦

不要成為想被愛的人
要成為愛人的人
還有
付出自己能力所及的愛

那是自己對對方的心意
也是自己所能給予最好的愛

我們無法知道那份愛的結果
也無法確認對方所有的想法

你活在這個世界上，無論有人、沒人陪伴
都會感到空虛

但絕對不能用對方的愛
來填補自己的空虛

有可能是時機不對

也有可能是我沒注意到對方給的愛

如果用對方的愛來填補空虛

會經常出現誤會、感到失望

甚至變得執著

我現在的空虛並不應該依賴別人

應由自己來填補

可以是把自己的生活弄得更順眼

抑或用眼前開心的小事來填補

再不然就是

計畫、實踐一些自己覺得有價值的事情

這樣一來，偶爾感到空虛就沒關係了

要有人陪在身邊才不會空虛

要有人替自己做什麼才不空虛的人生

如此依賴別人的人生

當然會經常感到空虛

我可以自己填補這份空虛感

雖然無法每天做到

但如果能夠滿足自己

我就再也不會一直想要獲得別人的愛

如果我能滿足自己

就表示我愛著自己

後來才明白的那些事實

像是曾經煩惱過的事情
其實不必太深入思考

還有分手後最痛苦的
並不是沒辦法再見面
而是後悔沒能對對方更好
那種悲傷更讓我難受

與其因為不相信自己而什麼都不做
不如相信自己、努力實踐
過程中所犯下的失誤與失敗，可以讓我得到更多收穫

遇見喜歡的人時，就保持原樣

遇到喜歡的人時，就應該保持原本的樣貌跟對方來往
否則越是迎合對方的喜好
自己就越痛苦
對方也會痛苦

這樣一來，兩個人便無法同心協力的走下去
一個人疲於為對方改變
另外一個人，最一開始喜歡的心也會悄然生變

如果其他的部分不跟著做出改變
最後會發現到，自己這段時間的改變其實都沒有意義
更會因此感到疲憊
所以只能不斷地改變

當然
你不需要用這種方式面對所有人
不過我推薦你
用這種方式去面對你願意付出真心的人

這樣一來
對方就會深刻感受到自己被愛
而這也是真正的愛
真正的愛，就是讓對方有被愛的感覺

如果對方感覺不到付出的愛
我卻因此而怨恨對方
這就不是愛

當然，只有一個人這麼做，是無法維持這份愛的
單方面付出的愛只會讓人受傷
讓付出愛的人受傷

不過，當彼此都付出的時候
我們都以為這份愛能持續很久

可是在愛人之前

我必須要先愛自己

當我跟對方在一起時

如果遇到非常痛苦、非常難過或難以承受的事情時

就應該要為了自己，好好跟對方溝通、傳達給對方知道

一昧地忍讓

不是愛自己的行為

內心會因為一直受傷而不舒服

如果不愛自己，只是一直愛他人的話

最後會失去自我

隨著時間流逝

這種不是為自己，而是單方面為他人的愛

會使我的心更加空虛

無法堅持下去

明明是為了幸福而愛

但卻不愛自己，只顧著愛別人

就無法帶給自己幸福

所以在愛別人之前

應該要先愛自己

當自己難以承受

或遇到困難時，就必須對話

如果對方愛我

我該努力的方向，不是給對方我的愛

而是用自己想被愛的方式，去愛對方

因為不知道那究竟是什麼

即使有心，也可能會花上很多時間實踐

如果把真的難以承受、感到不安的部分表現出來

這樣對方也會知道

彼此可以透過對話減少問題

或是調整方式來配合彼此

這麼做的前提是對方愛著我

如果不這麼做，時間一久

兩人便會自然疏遠

然後分手

因為兩人並不適合

適合或不適合

並不是在說兩人的外型和個性是否登對

即使登對，也有很多不同之處

所謂的適合，是指配合彼此的不同

一起往好的方向前進

這就叫做適合

如果你正愛著某人

且沒有違背道德的話

即使周遭的人反對這段感情，也不會有問題

因為你是為了自己去愛

並不是為了周遭的人去愛

有魅力與沒有魅力的人之間的差異

有魅力的人
即使經歷幾次失敗的感情
也會相信自己最後會跟認同自己、喜歡自己的人在一起

沒有魅力的人
經歷了幾次感情的失敗
就會覺得自己沒有魅力
並因為這一點而放棄

所以
你的樣子由你來決定

好好生活，不要預測未來

請不要預測未來

這樣會給自己太大的壓力

只要好好度過當下

遇到自己不想要的事情

就學習並找出應對的方法

試著用這樣的心態去生活

如果能因此變得更幸福

那就繼續這樣生活吧

如何辨別別人是真的，
還是假裝喜歡你

要如何知道別人是真的喜歡你

還是假裝喜歡你

你給他們東西時

只要觀察他們的反應就好

當對方只有在收到東西時才喜歡你的話

就表示他不是真的喜歡你

他會在你有氣無力時，主動跟你說話

就表示他真的關心你、真的喜歡你

避免自己在人際關係中受傷的方法

就是區分出誰是真心待自己的人、誰不是

並且以適當的方式來回應他們

但真正的問題

是你真心喜歡的人，

不是真心喜歡你

起初，你以為對方是真心的
時間一久，漸漸發現事情並非如此時
你就會受傷、難過

你一開始付出心意時，並沒有抱持著期待
只是很自然地付出

得知真相後，雖然會受傷
也不容易快速整理好心情
甚至還會自責
責怪自己為什麼要浪費時間在這種人身上
也可能會覺得自己像傻瓜

這時候，讓你比較不會受傷的方法

就是用同樣的問題來問自己
如果對方不願意真心面對我

不是真心對待我

那我還是會真心喜歡他嗎

還是非得要獲得他的真心

我才會用真心繼續喜歡他呢

當然，或許更偉大的愛

是即使沒有獲得對方的真心

但只要守在身邊、只要能夠付出

就能讓自己幸福

無論那是家人、戀人，還是什麼關係

重要的不是誰有沒有付出

而是你現在究竟在想什麼

要了解你真正的想法

才能做出符合想法的行動

如果沒獲得對方的真心
你就再也無法為對方付出的話
也不需要覺得委屈或難過

因為自己的心意也沒那麼了不起
只是覺得也要獲得些什麼
才願意付出同等程度的心意罷了

但也不能只是單方面繼續付出
所以這段關係很有可能難以持續

雖然很難過
但我又不是永遠都得不到愛
只能遭人背叛的人

如果經常發生這種事
那都是因為我不了解自己的心
不了解對方的心而已

可以讓我比較少受傷
且與我親近的人
即使他沒有付出真心
我也願意付出

他會是當我難過、靜靜獨處時
也會主動來找我、問候我的人

這些人不用多
只要有一位
就代表已經找到重要的人了

雖然可能會因為某些問題，而再度與這些人疏遠
但還是會有
即使過了很久，仍然能一起相處的人

希望你能想想，這一切並不是失敗
而是為了找出對的人而需要花費的時間

壓力

不要因為別人而感到壓力

無論那個人做了什麼

我只要做好自己的本份

如果覺得這樣不好

到時再停下來也不遲

最辛苦的人

現在這一刻最辛苦的人

是明明想太多、不想繼續想下去
卻無法控制腦袋停止運轉的人

是無法信任那些陪在自己身邊、對那些人感到懷疑的人

是覺得自己實在很壞的人

雖然正在戀愛但卻感到不安

不曾被愛過的人
無法全心全意接受他人給予的愛

因為不曾被愛過
所以會懷疑別人對自己的愛
被愛的時候會很開心
卻擔心對方是否也對別人一樣
會擔心對方的心意都不是真的

即使遇到了值得信任的愛
還是會懷疑感到不安

長此以往，便會一直抱著疑心，直到對方不再愛自己
一切結束後才想

「我果然是個無法被愛的人」

無論家人還是朋友

對於不用努力就有人喜歡我這件事有越多體會的人

就會懂得離開那些不愛我的人

把心思放在我愛的人身上

把自己的愛分給我愛的人

他們會懂得把自己理想的愛

分給對方

只要我不費心

被喜歡的體驗就會越來越少，甚至完全沒有

這也使得我無法拋開想被愛的想法

（相反地，如果能夠放下這顆心

就表示可能是受了太多傷

或是稍微受一點傷，就覺得應該要築起心牆、孤獨終老）

即使有人愛我

我依然感到不安，無法完全接受那份愛

如果因為不安，而不小心讓身邊的人感到痛苦
就可能開始自責

你確實是可以被愛的人
你也確實能夠全心全意地去愛人
希望你能夠相信這一點

這世界上
沒有人會永遠不被愛

人生在世
總會有人能以非常包容、美麗的心去愛另外一個人

所以
有人愛你這件事是理所當然的
而你去愛某個人這件事

也是理所當然的

假使某個人愛你
而你也想待在他身邊
那千萬不要祈求那份愛能持續到永遠
應該要專注於讓那份愛能夠幸福
專注於當下的感受
用心去愛

那份愛究竟能不能持續到永遠
沒有人能預測

但維繫的方法，就是盡可能多創造一些
讓人感覺深刻又幸福的美好日子
僅此而已

一定要持續到永遠的想法
會讓你無法注意對方現在的感受

焦急於不安的未來
無法專注在對方身上

會讓你執著對方是不是變了
會想束縛對方、擁有對方

如果你不知道什麼是愛
其實愛就是無論做什麼，只要在一起就會幸福
你以及那個人，無論做什麼
只要一起就能幸福的話
那表示你跟他，現在正互相愛著彼此

若你能這樣相信人
那就會明白
你也是個能被愛的人

不必非得要獲得永恆的愛

才會成為一個值得被愛的人

如果現在有一個在一起會很開心的人

而對方跟我在一起也感到開心的話

那你正在被愛

也正在愛人

相反地

如果身旁的人非常不安

請你握著他的手，看著他的眼睛

經常對他說

我愛你

謝謝你愛我

讓我們一直在一起

共度每個美好的日子

我喜歡的人

我必須要珍惜的人

是發生好事時，最先想起的人
是發生壞事時，最想先告訴他的人
是對方難過時，我會打從心底擔憂的人
是經常見面也不會膩、想繼續待在一起的人

那個人就是你真的非常喜歡的人

提升人格的話語

即使你很會做事、說話有力量

但在面對他人時，你的行為舉止或言行
沒有表示一點尊重的話

你就真的是個不怎麼樣的人

無論你面對誰
尊重對方的方式
就決定了你是一位值得受到多少尊重的人

如果你為了看起來比別人強勢
為了獲勝而無視他人、貶低他人
你不過是個不值得尊重的人

雖然你的存在本身就很珍貴
但你的存在不表示他人應該要尊重你

尊重，取決於你對待別人的態度

當然，我們也會遇到
即使我尊重他，他不一定尊重我的人

仔細觀察那些人
會發現他們無論到哪都不受尊重

才會覺得低人一等
才會為了讓自己看起來更強悍
刻意先傷害別人

所謂的人格，其實來自於一個人的高度
自己看低自己，才會出現低人一等的想法

你的人格高度在哪裡呢
為了提升人格的高度
減少那種低人一等的感覺

你應該用平等的態度看待他人
並使用適當的語言

讓人心情好的話語
就是了解對方後說出的話

讓人心情差的話語
是假裝成建議、說是為你好
其實是在教訓你的話

最讓人感激的話
是謝謝你待在我身邊

最能讓人產生勇氣的話
是我永遠相信你、站在你這邊

最能讓人感到安慰的話
是「如果是我也會很痛苦」這句充滿同理心的話

真正的夥伴

我必須表現好

才願意留在我身邊的人

並不是真正站在我這邊的人

即使我表現不好

仍然留在我身邊的人

才是我真正的夥伴

所以

你不需要一直討好別人

只要表現出原本的模樣

會有人離開你

但他們都不是真的對你好

只有那些真正的夥伴才會留下來

或許你老是把心思用在假夥伴身上

會使你不小心疏忽了真正的夥伴也說不定

留下來的人
都是你必須更用心對待的人

有一些人
是你想靠近時，反而會傷害你的人

這時你必須思考
該離開這個人，還是該留在他身邊

如果期待對方都只有好的一面
那我就無法跟任何人相處了

即使傷害了我，也是對方的一部分
如果我想成為對方真正的夥伴
那就留在他身邊

如果對方讓我感到痛苦
那我就不是他真正的夥伴

跟他拉開距離就好

只要不是道德上的失誤
就沒有誰對誰錯
也不代表對方是壞人、不夠好

只是彼此不合罷了
因為在不同的環境下成長

如果只是因為跟我不一樣因為不了解我的心而因此討厭對方
那就是在浪費時間、消耗不必要的情緒

我們只需要
在這條路上
不斷尋找適合彼此的真正夥伴就好

即便我無法找到真正的夥伴

也不用擔心

彼此相似、相像的人
肯定會在某個空間相遇
有一股力量，吸引著想法相像的人聚在一起
只要仔細觀察一個人
就會發現，身邊的人都有跟他類似的色彩

而你是什麼顏色呢？
當你用你的顏色去愛人時
你就能遇到真正愛著屬於你的顏色的人

不感到可惜的人

如果遇到

無論付出多少都不覺得可惜的人

那表示我已經從他那裡獲得很多幸福了

想利用別人的人

如果你想利用別人的話
對方肯定已經知道你在想什麼了

當你為了達到目的
刻意配合別人的想法時

對方也會獲得他想要的東西

當你滿足了願望
又開始對別人不聞不問時

對方絕對感受得到

他們即使知道
但因為看重與你共度的時光
才會幫助你

為了獲得短暫的利益

持續利用他人的話，當你真的需要幫助時
會發現沒有人留在你身邊

從別人那裡獲得幫助並沒有錯

但獲得幫助時才假裝付出關心
不需要幫助時就消失
才是最大的錯誤

如果不得不接受別人的幫助
就必須打從心底感激

我也必須付出關心
必須對他們用心

如此一來，別人才不會覺得自己白費力氣
反而覺得
能幫到我真是一件好事
之後還會想再伸出援手

真正良好的關係
是會願意為彼此犧牲的關係

單方面接受
單方面付出
對兩人都沒有好處

互相付出才是最好的
即使不是什麼了不起的事
只是一句溫暖的問候也好

如果其中一個人不這麼做
只有一位持續給出溫暖
這份溫暖很快就會冷卻

我們應該交往的對象
是願意多說一句話來表達關心的人
這才是最好的關係

立場

從自己的立場去思考
一定會覺得我是受害者

所以只會想到自己、認為自己是對的
說出來的話會很激烈、會傷人

只想著自己所說的話不叫對話
只是像小孩一樣要賴而已

大人的對話是聆聽彼此的觀點
好好溝通才對

自在的關係

所謂相處起來自在的人
並不是非常了解我的人
而是很會替我著想的人

為了維持這種自在相處的關係
我應該先去聽聽別人的心聲

兩個人說話、行動時
都為對方著想，就會建立自在的關係

如此一來，會想一直和對方見面

我的人生之最

最悲傷的失誤
是一直對我很好的戀人，因為我的失誤而離去

最開心的事情
是深藏心中的夢想，被實現的那一刻

最勇敢的瞬間
是當作最後一次般地努力去做一件事

最開心的時候
是有人了解我一直以來的用心良苦

最後悔的時候
是在時機過了之後，卻沒能說出想說的話

第3部

想法多到自己無法控制的時候

人生在世

人生在世
遇到不知道要不要說的時候，那乾脆不要說比較好
而非說不可的事情
最好鼓起勇氣說出口

某天

希望，你即使遇到難過的事
也能擁有撐住自己的傲氣

希望，你能擁有快速遺忘深切傷口的能力
即便受了傷
也不要帶著傷口生活下去
要成為能夠讓傷口痊癒、笑著站起來的人

某天你覺得孤單時
會有人毫不在乎地來到你身邊
讓你知道
你身邊也有著等你的人

當夜晚降臨
與其害怕黑暗，希望你反而主動看見閃爍的星光
希望你成為在黑暗中也能看見希望的人

就像突然到來的春天

希望

最適合你的、如春天一般的戀情

能來到你身邊

雖然人生時而殘酷、時而讓人受傷

希望每一天對你來說，都像美麗的禮物

希望你此生能了解這點

無論是哪個時刻

你都絕對不要放掉自己的手、不要怨恨自己

希望你與你的人生能有一趟長長的旅程

不需要太完美，愉快地享受就夠了

如果你經常怨恨身邊的人

不斷怨恨身邊的人
只能獨自期待、失望、期待、失望
無限迴圈

只要了解不是對方心中重要的人
或我對別人來說並不重要時
會覺得難過、感到心痛

總是覺得疏於照顧重要事物的人
或不懂得感激的人
通常都很有問題

這些事情如果重複發生
那你應該要知道，獨自期待又失望的循環
是因為一直以來沒有充分的對話

舉例來說，你有一位大而化之的朋友
這位朋友認為
難過時陪伴在身邊的才算是好朋友

還有一位敏感的朋友
這位朋友認為，必須要立即回覆別人的聯繫
才算重視對方

兩個人喜歡對方的心情是一樣的

但敏感的朋友經常埋怨大而化之的那位
因為對方不會立刻回覆訊息
他又偶然看見這個人很快回覆其他人
卻不知道箇中原由

於是某天，他們之間發生了小小的口角
重視回覆速度的敏感朋友在等對方的回覆
大而化之的朋友決定好好整理想法再回

敏感的朋友，那天一直在想

啊，在大而化之朋友的心中，我一點都不重要

所以他才都不跟我聯絡

那我也不要自己在那邊期待，還是保持距離吧

不要執著於這段只有我在乎的關係，不要再受傷了

雖然大而化之的朋友回覆了訊息

但這位已經關閉心門的朋友卻不想再對話了

大而化之的朋友

那時正受家庭問題所苦

這位敏感的朋友對他來說非常重要

敏感的朋友因為吵架而對他冷淡

他也覺得自己正在痛苦時，對方都沒有陪在自己身邊

於是他會想，對方並不認為我很重要

我也應該要跟對方保持距離

兩個曾經是無話不談的好朋友

以上是真實發生過的事情

真是悲傷

明明想著一樣的事情

但卻因誤會而漸行漸遠

時間一久，通常就只剩怨恨

我們心裡認為重要的事情，其實都不一樣

所以總是會想「如果認為我很重要，就應該要這麼做」

當對方的行為沒有按照自己心裡的意思走時，就開始埋怨對方

到頭來，我變得只會埋怨身邊的人

因為大家都不會照我所想的行動

或許

對方已經用對待重要之人的說話方式、行為模式

來對待我也說不定

因為我們並不是什麼戀人關係

所以並不會經常跟對方說

「你對我來說很重要

你是這世界上最珍貴的人」

即便是情侶，說不定也因個性使然

而不會常說這種話

如果我們認為對方很重要

一定要用自己的語言、自己的方法

來表達那份重視

我母親的聲音很大

很多人都以為她是在生氣

但其實她對很親近的、喜歡的人

都會用大嗓門講話

她經常會問「你有沒有吃飯」

雖然她並沒有把「你在我心裡很重要」這句話說出口

其實

這就是對重要的人才會說的話

有些人可能覺得經常聯繫很重要

有些人可能覺得獨處比經常聯絡更自在

有些人雖然沒有經常見面

有些人雖然只是偶爾見面
但也可能覺得對方就是重要的人

我們其實都不一樣
承認這樣的不同
或許才能展開一段真正的關係

所以我自己一個人在那邊想
這樣做才是把我當成重要的人
「沒有照我想要的方式來對待我
就沒有把我當成重要的人」
這樣的想法，很可能招來許多誤會

相反地如果對方
對我做出他對重要的人會做的行為
但卻跟我想像的不同
他的心意就很有可能被我忽略

所以我們在自己生氣、拉開距離之前
至少也應該盡力和對方溝通

只要沒有違背道德
我們就不應該設想「我是對的你是錯的」
我們不該設想「你就是這樣，所以才聽不懂我的意思」
我們應該這樣想「我們是不同的個體，確實有可能這樣」

我真的難以接受的部分
就應該試著請對方調整
當然，如果溝通過後仍然感到不舒服
就要保持距離

至少我有跟對方說明自己的想法跟情況
不是讓對方獨自一個人胡思亂想
我認為這就叫溝通，而且有替對方著想

若開始討厭對方、埋怨對方

若覺得我討厭、埋怨的事情

會對未來與對方的關係造成阻礙的話

那就試著敞開心胸溝通吧

溝通的原因

在於對方是我認為重要的人

所以我才需要給對方解釋的時間

也用這段時間來傳達我的想法

這並不是誰對誰錯的問題

而是藉著對話，讓彼此的關係正向發展

所謂重要的人

並不是我先訂下特定標準

並規定有照做的話，就是有把我當成重要的人

沒這麼做的人，就是沒看重我們的友誼吧

而是覺得重要，因此願意付出時間溝通

獨自思考、獨自判斷、獨自建立起隔閡

只會更痛苦、更孤單

與其希望有人可以讀出我沒說出口的心思

有人能夠準確掌握我的想法、準確地理解我

不如試著努力

把自己的想法說出來

當然，我們也可以這麼說

「不滿意的人際關係就別想太多

快刀斬亂麻才是最好的解決方法」

我們可以這樣做，這都取決於個人的判斷

但這樣一來，和我擁有許多回憶的人

有一天也可能因此斷了緣分

而一瞬間的誤會，也很可能影響了那份重視的心意

老朋友、愛人、家人

當你遇到無法輕易斬斷關係的人

會因為無法結束關係而痛苦

但如果

經過溝通卻還是沒用

覺得彼此的想法實在天差地遠

對話完反而更生氣、更無法相互理解的話

我建議你可以保持距離

人際關係必須維持在一個，自己感到輕鬆的距離

那才是我與對方之間最適當的距離

我們無法跟所有人都保持親密

也不可能獲得所有人的喜愛

如果我想跟不愛我的人

想跟所有人都保持很親密

或想獲得所有人的愛

那就無法坦白地說自己不開心
即便你下定決心要好好談談，還是無法說出真心

在人際關係裡
你總有一天會懷疑
也可能會想，反正無論怎麼努力人際關係都不會順利

而那又可能會讓你開始自責
啊，難道我真的無法被愛嗎
難道我真的有這麼差嗎

其實不是

要找到一個能共度一生的人
本來就不是件容易的事

只要把現在當成是旅程的一部分就好

我為了找到適合自己的人

正在嘗試跟許多不同的人來往

在這段旅程中

對話能夠幫你留住那些比較重要的人

也會讓你知道，不必多花心思在哪些人身上

更會讓你明白，應該和誰保持距離

如果現在你正受人際關係所苦

那我支持你，鼓起勇氣嘗試對話

我認為人生中最幸福的日子

是在陽光舒適的午后

跟喜歡的人一起在路上散步

笑著、說一些不怎麼有趣的笑話

在人生的旅程中尋找適合我的人

期待著自己一定能夠找到這個人

若與對方相遇，建議你在難過的時候，多跟他對話

這樣關係才能夠長長久久

無法輕鬆面對他人，
總是有隔閡的原因

如果我無法輕鬆面對他人

總是產生隔閡

那是因為我只想給對方看到自己完美的樣子

只展現最好的一面，所以刻意保持距離

世界上沒有完美的人，沒有人只有好的一面

每個人都會失誤，都有缺點

而這樣的你，會成為想跟你親近的人的話題

也可能會是彼此感同身受的地方

所以如果想要消除這樣的隔閡

那就不該執著於完美的樣貌

應該練習以最原本的模樣與人相處

這樣一來，雖然不能讓所有人都喜歡我

但肯定會有喜歡我的人，而那個人也能跟我毫無隔閡地相處

即使我這樣的個性，有時會被討厭

也能從對方那裡獲得安慰

「對啊，確實有人喜歡我」

就是這麼溫暖的回應

空虛

有時候會覺得人生很空虛
不是因為沒有朋友
也不是因為工作不順利

最重要的
是我沒有能夠分享真心的人
就是因為這樣

稱讚

如果你一直
重複稱讚身旁的人
對方就會開始產生自信
覺得自己真的是個不錯的人

你若一直指責身旁的人
對方就會覺得自己不怎麼樣
越來越沒有自信

無論你說再多對方的缺點
都沒有用處
對方很可能已經知道自己的缺點
這樣只會讓對方不開心

隨著你不時的稱讚對方
就越能夠幫助對方找到自信

我小時候寫字真的超級醜

老師看到我的筆跡後

從來沒有說過我的筆跡很奇怪

反而經常稱讚

說我的筆跡非常細膩、漂亮

過了一段時間之後，這樣的稱讚大大地幫助了我

讓我有寫文章的勇氣

稱讚對方的一件小事

會讓對方產生莫大的勇氣

戰勝未來可能出現的的難關

幸福

雖然有些人讓我痛苦

但跟能夠溝通

想法相似

懂得開玩笑

心靈契合的人在一起

真的是很輕鬆、很幸福的事情

我們真正感到幸福的時刻

並不是擁有很多的時候

而是有人能夠

跟我一起分享自己喜歡的東西時

想法的垃圾桶

想法太多的時候
就很希望能有一個想法垃圾桶

無論是什麼想法，只要寫下來放進去
就會自動消失的垃圾桶

思考

1. 不要太常一個人胡思亂想
自己一個人想太久
會衍生出完全與事實無關的多餘雜念
還會因此感到痛苦

2. 如果想法太多想停下來
卻無法用意志力調整思考節奏時

就代表自己一個人獨處太久

這時候千萬別避不見人
要與人見面
並且花很長的時間進行深度對話

對話的過程中
就會暫時遠離原本繁雜的想法
等過了一段時間，再回頭思考當初的問題
整體的重量就會輕盈、清晰許多

變化

無論有多少覺悟、下定多大的決心
人都不會輕易改變

這時候最痛苦的會是自己
會覺得我為什麼會這樣

但人只要不斷重複一件事
肯定會漸漸習慣它
這也是為什麼
如果我們想要變成理想中的樣子
千萬不要因為一次失敗就放棄

只要持續為了改變而努力
我們就會習慣那樣的努力，不知不覺間已改變

無法好好做出選擇的三個原因

1. 因為我不相信自己
害怕不管選哪個都會錯，所以做不出選擇

2. 因為比別人更先想到遙遠的未來
不管哪個選項都覺得不切實際、覺得很不安
所以無法選擇

3. 因為我沒有做好
自己非常不喜歡自己
看到自己不好的一面時
就會讓自信心變得低落

面對選擇時不變的事實

1. 沒有任何人知道結果

所以無論現在怎麼選，都沒有正確答案

2. 無論做什麼選擇都有缺點

而無論做什麼選擇也都有優點

重要的是，問問自己需要什麼

3. 我必須相信自己

如果無法相信自己，就無法做出選擇

所謂的相信

是相信自己無論發生什麼事，最後都一定可以解決的信賴感

4. 我無法滿足所有人

只要自己不會後悔就好

如果還沒準備好面對未來

只喜歡玩，而不好好為未來做準備
那時間越久，人生就越辛苦

有些人的生命，會隨著時間成長
有些人即使過了很久仍原地踏步

我講的不是很了不起的成功
而是有沒有用自己理想的方式來填滿人生
這之間的差異，就在於你如何使用時間

有些人只會成天擔心
有些人只會成天玩樂
有些人看著現在的自己
專注並努力開創當下的人生

時間一久你會發現
現在的模樣
就能決定誰能活出更有自信的人生

期待未來會有幸運降臨固然不錯

但以此為信念，並且找一個合適的理由

不好好度過當下這一刻

不好好做出相應的努力

那未來就等同於沒有任何希望

其他人會怎麼看我

其他人會怎麼說我

我有幾個朋友

其他人現在在做什麼

為什麼我都做不到

那些一點也不重要

所以我絕對不可以

放掉那些值得專注的事情

用這種方式生活

即便無法立刻獲得成果，也許會失敗

但只要用這個方式繼續堅持下去

比起選擇不這麼做的人

我肯定會在不久的將來

獲得更多我喜歡的事物

我支持你成為這樣的人

該怎麼看待

你真正
需要看重的事情
不是別人怎麼看待自己
也不是別人如何定義自己

因為無論你怎麼努力
事情都無法隨心所欲
會不斷改變、不斷變化

當你覺得，這件事在人生中有重要的位置
相當於你人生的一切時
你的人生
就會越來越空虛、不安

這會使你更需要別人的肯定
想從更多人那裡獲得讚賞
你將為此汲汲營營

而時間一久，那些不安與空虛
會膨脹到令你無法承受

你會覺得人生好像到此為止
因為過去一直感受不到幸福
而認為好像未來也不可能幸福
或許還會覺得，人生活成這樣真是錯得離譜

因為你一直在意別人的目光
努力想要獲得他人的關注
但無論怎麼努力
那份空虛與不安都不會好轉，只會越來越大
直到你再也無法承受
覺得再怎麼努力，人生都只有不幸
令你再也提不起勁，開始害怕未來

但是
人生中你真正應該看重的事情

不是別人怎麼看待自己
而是你怎麼看待自己、怎麼生活

你覺得自己是個做不到的人嗎
你覺得自己是個可憐的人嗎
你覺得自己是個貧窮的人嗎
因為幾次違背道德的失誤
你就覺得自己是個罪人嗎
你覺得自己真的無可救藥嗎
是否覺得自己的人生很失敗呢
你是否覺得自尊心低落
覺得自己是個不會被愛的人

你怎麼看待自己
這才是最重要的
你應該在意、應該專注、應該煩惱的是這些
你要知道自己有一定的價值
並且證明那個價值

你需要想的事情是

你怎麼看待自己

你在你的人生中看到什麼

你在生命中最在乎的事情是什麼

你認為生命中最重要的是什麼

你什麼時候會笑

你什麼時候會哭

你想做的事情究竟是什麼

像這樣跳脫外界的目光

專注於關心自己的內在

一一找出這些問題的答案時

空虛與不安就會減少

也會開始覺得自己真得過得不錯

你現在怎麼看待自己呢？

該說的和不該說的話

世界上有該說的話和不該說的話
如果說出這句話會傷害對方
那無論再怎麼有幫助，都不該說出口
會給對方帶來幫助，只是自己的錯覺罷了

如果你真的想幫助別人，就應該守候在旁
等對方請求協助時再出手相助

如果覺得這句話說出來，對方心情會變好
像是稱讚、鼓勵與認同之類的話

但千萬不要說謊
稱讚那些不認真的人
或是同意那些辱罵他人的人
習慣性拖延工作的人
把自己的人生浪費在玩樂上，而你卻跟他說沒關係
這類的謊話是不被允許的

如果你有交往很久的對象

請不要傷害對方

因為這樣的傷害無論再久都不會消失

用言語指責別人，不會讓自己變得更好

但稱讚對方

不僅能讓對方心情好，更能讓對方覺得跟我在一起很幸福

會讓對方對我有相處上的好感

不該要求對方了解我

而是由我先說出理解對方的話

這樣時間一久

對方也會努力理解我

無論再如何親近的人，都不要說出忽視他們的話

人們都有這樣的天性

會想跟忽視自己的人保持距離

這會使得雙方、漸行漸遠

不要只是嘴上說自己珍惜對方
要付諸實行

如果對方很討厭，也不必一定要說好聽話
但也不必硬要說難聽的話
我們不需要為自己樹立敵人

如果你從事服務業，說話可以親切一點
若你是客人的話
也必須把服務業當成與自己關係對等的人
親切地與對方交談

如果有人對我說話不親切
我也不能單方面忍受
因為這樣一來，隨著時間一久
不親切的人就會變本加厲
我有時候也必須說出能保護自己的話
讓對方不能隨便對待我

經常對他人說話不親切的人

大部分都會害怕比自己更強悍的人

並且會想讓比自己弱小的人害怕

才會隨便對待他人

人說出的話會隨著狀況改變

但也有不變的事實

就是所有的話最後都會回到自己身上

多說一些好話

就會多聽到一些好話

說太多負面的話、說太多不親切的話

這些不親切與否定，最後都會回到自己身上

適合我的公司

適合我的公司
不是一間讓我不累的地方
因為這世界上沒有工作不累的公司

應該是雖然辛苦，也讓我願意堅持留下的地方，就是好公司

如果我在這個地方，不停受到傷害
就完全沒有堅持的理由

隨著傷口不斷受傷、累積，會漸漸變得無力
如果不想再撐下去，繼續待在那就會使人身心俱疲
慢慢變得什麼事都不想做了

鼓起勇氣離職吧
在我想要堅持的地方工作
這才是對人生最好的選擇

如果想辭職

如果不喜歡現在的公司
正在煩惱是否辭職的話
立刻辭職可能會讓自己後悔

辭職之後
一開始會很開心
但接著會產生更大的煩惱

「現在我該做什麼才好？」

所以雖然辛苦，但也不能立刻辭職
應該一邊繼續上班、一邊在閒暇之餘尋找新的工作

舉例來說，我們搬家的時候
通常不會先賣房子

會先找到下個住處再賣
這兩者的差別非常大

如果先把房子賣掉，那在找新房子時

就會一邊擔心、害怕

怕自己可能無家可歸而感到焦慮

雖然這並非正解

與其因為想休息而馬上辭職

不如先找到接下來想發展的方向再提辭呈

說起來容易

但離開現在住的地方

找到自己喜歡的地方並搬過去，其實也不簡單

因為上班就已經忙不過來了

越是希望盡快找到房子

就越會覺得焦急、忙不過來

推薦大家不要立刻行動，

請給自己充分的時間好好準備

準備好搬家

一星期一次也好，兩星期一次也可以

花一點時間盡量多跑幾個地方
找到適合自己的房子

這不是浪費時間，而是在可容許的範圍內
幫自己找到好房子的方法之一

工作也是一樣
如果想找到合適的工作
就盡量多花點時間做多一點嘗試

再根據嘗試後的經驗跟現在的公司比較
就可以選出適合自己的地方

做適合自己的事吧
你一定會非常擅長！

感到不安也沒關係的事情

我們辭職時

一直無法找到工作時

與戀人分手時

不知道接下來該怎麼辦時

一定會焦慮又擔憂

心裡想著

不能這樣焦慮下去

希望快點恢復平靜的心情

反而使我更痛苦

對現況感到焦慮、擔心是正常的

所以

可以焦慮，也可以擔心，可以盡情這麼做

只要不中途放棄

繼續堅持下去

總會遇到適合自己的好事

再多活一下吧

如果某天
不滿意自己現在的樣子

即使現在身邊沒有好朋友
即使現在無法穿最想穿的衣服
即使現在無法開心地笑
即使現在面對過去仍感到後悔
即使覺得自己根本沒辦法做好任何事
即使不確定自己該往哪裡前進
也不要太擔心

肯定

未來會有意外的好事在等著你
某天會有一件小事令你歡笑
讓你能正視自己
讓你忘記曾經沒有自信的樣子
讓你遇見讓自己滿意的成果

雖然不知道盡頭在哪，但只要現在盡力去愛

那就能毫不費力地

知道我身邊的人

究竟是會永遠同行，還是遲早會離開我

一直覺得自己沒有朋友時

也總有一天，會發現找到聊得來、聊得很開心的對象

也發現能夠與他人成為朋友的自己

肯定會的

所以再多堅持一下吧

不是因為有好事而活

或許我們

活著活著就會遇到一、兩件好事

今晚

希望一直以來讓你痛苦的重擔

能夠稍微減輕一些

經常獨自一人

忍耐、對抗黑夜

真的辛苦你了

比較

有時候會害怕
是不是只有我落後

越是這樣
就會想跟越多人比較

越是這樣
就越覺得不安

所以現在
我決定不去比較

因為冷靜下來想想
比較其實沒有任何幫助

也知道「慢一點也沒關係」這句話
其實也沒什麼太大幫助

我決定

現在有多不安

就要多努力把生活過好

希望隨著時間流逝

我能夠越來越棒

請不要一直回想過去的壞事

那些都已經過去了

現在、今天

該寫下新的故事

常常擔憂的原因

因為實在太想做好
所以會預先思考未來可能出現的問題
想要提前解決

這麼做，導致我無法專注於當下
一味的擔心，讓當下非常辛苦

比起因當下發生的事情而痛苦
反而更常因為自己的想法而痛苦

無論是怎樣的想法
只要不斷去想
事情就會變得非常嚴重

我現在的擔憂大部分都屬於這種

想走新的路，
卻感到不安和害怕

想走一條新的路

卻因為各種想法而感到不安

不如就照現在這樣走下去

還是重新開始呢

如果你正因為這類的想法而困擾

那我推薦你去嘗試新的挑戰

因為

我們要是真的喜歡現在的樣子

就不會考慮改變

當我有這樣的想法時

就表示現在待的地方，並不是我真正喜歡的地方

而對我來說

我還有很多時間

可以尋找我喜歡的、沒有多餘煩惱的事情

如果我還只是20歲、30歲的話

可能會覺得沒有時間
一旦失敗
也可能會覺得已經來不及重新開始

但其實現在是你人生中
擁有最多時間的時期
即使失敗，現在這個年紀
也是最能夠重新開始的年紀

為了不要每天活在相同的煩惱中
而想要走一條新的路
我建議你戰勝那些不安的想法
去嘗試挑戰看看

那是唯一可以
戰勝這些煩惱的方法

但如果完全不嘗試

只是一直原地踏步的話

那十年後我還是會這樣想

還是會因此痛苦

變幸福的方法

1. 無論是誰不喜歡我

我都不該躲他

無論誰不喜歡我，我都無所謂

因為幸福的人才能在人生中獲勝

所以，我只要努力創造屬於自己的幸福就好

所以，我實在不需要太過在意別人的視線

無論誰喜歡我

只要我為了獲得他的關愛而努力，那就不叫幸福

因為那會讓我不安、擔憂，會讓我不幸福

這樣的關愛對我來說一點意義也沒有，我也不需要

我應該擺脫那樣的關注，專注於獲得幸福

只要我幸福，即使不受到他人的關注也無妨

因為我可以過得很好

2. 並不是成為樂觀的人就會幸福

當然，比起以悲觀的態度來看待每件事

抱持著樂觀理解、不過度在意別人的習慣
確實會讓自己的心更輕鬆
然而，並不是成為一個樂觀的人
就能讓我的人生更幸福

幸福的意思其實跟滿足差不多
如果我現在從生活中感受不到滿足
如果我努力成為一位樂觀的人
但卻做不到的話，我其實不該自責

我該煩惱的是
什麼能讓我滿足
以及我該怎麼做，才能獲得滿足

這樣一來，大多數的人
都會產生這樣的煩惱

究竟什麼事能讓我感到滿足呢

換句話說，是因為我不知道
我究竟喜歡什麼，所以才會煩惱

當然，每個人，包括我在內都會有喜歡的東西

像是聽音樂、吃美食
累的時候睡個午覺
但這些事情並不是只有我喜歡
而是大家都喜歡
就算做了這些事也無法感到滿足
反而使你更加無法專注
那你需要的會是更新鮮的事物

幸好
我們並不是只會對大事感到滿足
無論那件事情是大是小
都可能隨時令你滿足

什麼時候會讓你感到滿足呢？
仔細想想什麼時候會感到滿足
會發現是給自己需要的事物時
做自己想要做的事情時

所以肚子餓時吃東西
覺得睏時睡覺
認真工作後因疲累而休息時
都會感到滿足

如果認為不能做自己想做的事情
那最好盡快放棄

當我們知道自己需要什麼的時候
就很容易感到滿足

當然，人生在世誰都會知道自己想要什麼
但有時還是無法滿足

不過現在首先需要煩惱的
是我不知道自己究竟想要什麼
換句話說
就是為不知道自己喜歡什麼而煩惱

那麼現在我想告訴你
該如何找出
我喜歡的東西（或需要的東西）

方法只有一個

那就是多給自己一些
失敗的機會

不明白這是什麼意思嗎
其實就是為了找到喜歡的事物
為了知道自己現在究竟需要什麼
必須要做更多新的嘗試

從來沒吃過辣炒年糕的人
只靠思考
無法知道自己究竟喜不喜歡辣炒年糕
從來沒吃過辣炒年糕的人
不會知道自己究竟需不需要辣炒年糕

所以才要試吃看看
但吃過之後
也有可能覺得不需要、不喜歡

我們可以把這樣的不需要、不喜歡
當成是人生中的失敗
也有一些人只靠想像，從來不曾嘗試
這樣不可能幸福

因為那個人不知道自己喜歡什麼
不知道自己需要什麼
那就無法滿足、無法幸福

當然，前面我也提到過

有時候當我們找到了喜歡的事物，但卻和大家不太一樣

或是我已經很熟的事情、因而無法被滿足時

這樣的情況更使人憂鬱

在這個時候，就該要開始找找

有什麼新事物能讓自己滿足

即使非常微小也沒關係

如果你問我要怎麼找

那就是嘗試去體驗新的事物

承認自己有可能對很多事先入為主

承認自己可能會失敗、犯錯

這時候也不該怨恨自己

因為只有這個方法

才能了解什麼能讓自己滿足

才能讓自己幸福

當然，如果你對於現況非常滿意

那麼前面所說的方法就不適用

既然已經很滿意了

那專注於當下才是至為重要的

沒有好好思考自己的事情

每天每天都為別人而過

害怕別人討厭自己

抱持著「如果別人不喜歡我怎麼辦」這樣的想法而活

就會越來越悲觀

因為這不是在滿足自己

是在不斷地消耗自己

希望大家都可以

找到屬於自己的幸福人生

如果能回到過去

如果可以回到過去
我絕對不會邊擔心邊過生活
我發現，活到現在
擔心的事情從來不曾發生過

如果可以回到過去
我會用我能力所及的時間和錢，
盡量去更多地方旅行
四處遊歷的旅行固然不錯
但我會找到一個最適合自己的地點
經常去那裡旅行

如果可以回到過去
我會在戀愛時盡可能地對對方好
與其努力爭論
究竟是誰對誰錯
我更會努力
讓對方感到快樂

因為我現在才知道
這樣我們才能在相愛的時候更幸福

如果可以回到過去
我會認真度過20多歲的時光
不會一直回頭
會勇於嘗試
勇於衝撞，走出屬於自己的路
找出屬於我的答案
度過那段時光的方式
將大大左右我未來80年的人生

如果我能回到過去
雖然不能每天這麼做，但我會經常讀書
會找出自己喜歡的作家
讓那位作家的書與文字
在我迷惘的時候
提供我最佳的庇護，幫助我找到出口

如果可以回到過去

我會盡可能地坦承面對更多人

或許跟他們的關係會因此扭曲

因為我知道

比起扭曲的關係

我覺得委屈自己

緊抓不放的關係更不好

如果可以回到過去

我的未來

絕對不會聽從別人的建議

因為只有我最了解自己

最後

如果可以回到過去

我想要經常鼓勵過去疲憊的我

未來我將會

遇到難以想像的好事

讓自己有足夠的勇氣
帶著希望走過艱困的時期

對我來說，重要的
與不重要的事

比別人晚才找到自己喜歡的事情

並不重要

考試落榜並不重要

害怕人際關係並不重要

我的意志力究竟有多麼薄弱並不重要

我現在有多麼害怕並不重要

我過去所受的傷並不重要

因為那些都是事實

是無論怎麼想、怎麼自責，都不會改變的事實

但我們可以

改變這些事實

好好思考
你未來要往哪個方向努力才會改變

那對現在的我來說，才是最重要的

人生在世都會經歷無數次失敗
會不斷感到不安與恐懼
更會不斷受傷
意志力經常會受到打擊

重要的並不是
每天去想這些事情
而是思考為了讓自己改變
該往哪個方向努力才好

雖然那個方向無法百分之百成功

但思考出那個方向的方式

能夠帶你遠離遇到的問題

當人生與心靈遭遇挫折
我們偶爾會覺得
無論怎麼想都無法改變
無論怎麼做都無法滿意

也漸漸越來越失去動力
覺得繼續這樣下去，未來依然還是會很痛苦

自尊心低的孩子

有些孩子自尊心很低

他幾乎每天都自己一個人

因為他實在太害怕

不知道別人如何看待自己

於是選擇獨自一人

每天都很孤單、憂鬱

無論做什麼都不快樂

這時，有個孩子走近

跟他說

跟我當朋友吧

無論你乖僻還是太過敏感

什麼樣的你我都喜歡

我愛你

而那個孩子哭了
因為有一個朋友喜歡自己

於是他有了勇氣
開始去交新的朋友

第一個走近自己的朋友
就是我自己

請不要太怨恨自己
當我可以先愛自己的時候
我就會產生勇氣